Aa

a	a
all	a
an	a
and	a
are	a
as	A
at	A
a	A
a	A
a	A

a b c d e f g h i j k l m n o p q r s t u v w x y z

A B C D E F G H I J K L M N O P Q R S T U V W X Y Z

Bb

b _____

back _____   b _____

big _____   b _____

but _____   b _____

b _____   b _____

b _____   b _____

b _____   B _____

b _____   B _____

b _____   B _____

b _____   B _____

b _____   B _____

a b c d e f g h i j k l m n o p q r s t u v w x y z

A B C D E F G H I J K L M N O P Q R S T U V W X Y Z

b _____	b _____
b _____	b _____
b _____	b _____
b _____	b _____
b _____	b _____
b _____	b _____
b _____	B _____
b _____	B _____
b _____	B _____
b _____	B _____
b _____	B _____

a **b** c d e f g h i j k l m n o p q r s t u v w x y z

A **B** C D E F G H I J K L M N O P Q R S T U V W X Y Z

Cc

can

children

come

c

c

c

c

c

c

c _____

c _____

c _____

c _____

c _____

c _____

C _____

C _____

C _____

C _____

C _____

a b **c** d e f g h i j k l m n o p q r s t u v w x y z

A B **C** D E F G H I J K L M N O P Q R S T U V W X Y Z

c _____   c _____

c _____   c _____

c _____   c _____

c _____   c _____

c _____   c _____

c _____   c _____

c _____   C _____

c _____   C _____

c _____   C _____

c _____   C _____

c _____   C _____

a b **c** d e f g h i j k l m n o p q r s t u v w x y z

A B **C** D E F G H I J K L M N O P Q R S T U V W X Y Z

Dd

dad

day

down

dragon

dino

d

d

d

d

d

d

d

d

d

d

d

d

D

D

D

D

D

a b c **d** e f g h i j k l m n o p q r s t u v w x y z

A B C **D** E F G H I J K L M N O P Q R S T U V W X Y Z

d _____	d _____
d _____	d _____
d _____	d _____
d _____	d _____
d _____	d _____
d _____	d _____
d _____	D _____
d _____	D _____
d _____	D _____
d _____	D _____
d _____	D _____

a b c **d** e f g h i j k l m n o p q r s t u v w x y z

A B C **D** E F G H I J K L M N O P Q R S T U V W X Y Z

Ee

e _____

e _____

e _____

e _____

e _____

e _____

e _____

e _____

e _____

e _____

e _____

e _____

e _____

e _____

e _____

E _____

E _____

E _____

E _____

E _____

a b c d **e** f g h i j k l m n o p q r s t u v w x y z

A B C D **E** F G H I J K L M N O P Q R S T U V W X Y Z

Ff

for

from

f

f

f

f

f

f

f

f

f

f

f

f

f

F

F

F

F

F

a b c d e **f** g h i j k l m n o p q r s t u v w x y z

A B C D E **F** G H I J K L M N O P Q R S T U V W X Y Z

Gg

get _____

go _____

got _____

g _____

g _____

g _____

g _____

g _____

g _____

g _____

g _____

g _____

g _____

g _____

g _____

g _____

G _____

G _____

G _____

G _____

G _____

a b c d e f **g** h i j k l m n o p q r s t u v w x y z

A B C D E F **G** H I J K L M N O P Q R S T U V W X Y Z

Hh

had _____   h _____

have _____   h _____

he _____   h _____

help _____   h _____

her _____   h _____

here _____   H _____

him _____   H _____

h _____   H _____

h _____   H _____

h _____   H _____

_a b c d e f g **h** i j k l m n o p q r s t u v w x y z_

A B C D E F G **H** I J K L M N O P Q R S T U V W X Y Z

Ii

i _____

in _____   i _____

is _____   i _____

it _____   i _____

i _____   i _____

i _____   i _____

i _____   I _____

i _____   I _____

i _____   I _____

i _____   I _____

i _____   I _____

a b c d e f g h i j k l m n o p q r s t u v w x y z

A B C D E F G H I J K L M N O P Q R S T U V W X Y Z

Jj

just

j

j

j

j

j

j

j

j

j

j

j

j

j

j

j

J

J

J

J

J

a b c d e f g h i j k l m n o p q r s t u v w x y z

A B C D E F G H I J K L M N O P Q R S T U V W X Y Z

Kk

k _____

k _____   k _____

k _____   k _____

k _____   k _____

k _____   k _____

k _____   k _____

k _____   k _____

k _____   K _____

k _____   K _____

k _____   K _____

k _____   K _____

a b c d e f g h i j **k** l m n o p q r s t u v w x y z

A B C D E F G H I J **K** L M N O P Q R S T U V W X Y Z

Ll

like

little

look

l

l

l

l

l

l

l

l

l

l

l

l

l

L

L

L

L

abcdefghijk**l**mnopqrstuvwxyz

ABCDEFGHIJK**L**MNOPQRSTUVWXYZ

Mm

me

mum

my

m

m

m

m

m

m

m

m

m

m

m

m

m

Mr

Mrs

M

M

M

abcdefghijkl**m**nopqrstuvwxyz

ABCDEFGHIJKL**M**NOPQRSTUVWXYZ

Nn

no

not

now

n

n

n

n

n

n

n

n

n

n

n

n

n

n

N

N

N

N

N

abcdefghijklm**n**opqrstuvwxyz

ABCDEFGHIJKLM**N**OPQRSTUVWXYZ

Oo

of

off

oh

on

one

out

o

o

o

o

o

o

o

o

o

o

O

O

O

O

a b c d e f g h i j k l m n **o** p q r s t u v w x y z

A B C D E F G H I J K L M N **O** P Q R S T U V W X Y Z

Pp

p _____   p _____

p _____   p _____

p _____   p _____

p _____   p _____

p _____   p _____

p _____   p _____

p _____   P _____

p _____   P _____

p _____   P _____

p _____   P _____

p _____   P _____

a b c d e f g h i j k l m n o **p** q r s t u v w x y z

A B C D E F G H I J K L M N O **P** Q R S T U V W X Y Z

p	*p*
p	*p*
p	*p*
p	*p*
p	*p*
p	*p*
p	P
p	P
p	P
p	P
p	P

a b c d e f g h i j k l m n o **p** q r s t u v w x y z

A B C D E F G H I J K L M N O **P** Q R S T U V W X Y Z

Qq

q _____

q _____

q _____

q _____

q _____

q _____

q _____

q _____

q _____

q _____

q _____

q _____

q _____

q _____

q _____

q _____

Q _____

Q _____

Q _____

Q _____

Q _____

a b c d e f g h i j k l m n o p **q** r s t u v w x y z

A B C D E F G H I J K L M N O P **Q** R S T U V W X Y Z

Rr

r _____

r _____   r _____

r _____   r _____

r _____   r _____

r _____   r _____

r _____   r _____

r _____   R _____

r _____   R _____

r _____   R _____

r _____   R _____

r _____   R _____

abcdefghijklmnopq**r**stuvwxyz

ABCDEFGHIJKLMNOPQ**R**STUVWXYZ

Ss

<u>said</u>   s _____

<u>see</u>   s _____

<u>she</u>   s _____

<u>so</u>   s _____

<u>some</u>   s _____

s _____   S _____

s _____   S _____

s _____   S _____

s _____   S _____

s _____   S _____

a b c d e f g h i j k l m n o p q r **s** t u v w x y z

A B C D E F G H I J K L M N O P Q R **S** T U V W X Y Z

S _____   S _____

S _____   S _____

S _____   S _____

S _____   S _____

S _____   S _____

S _____   S _____

S _____   S _____

S _____   S _____

S _____   S _____

S _____   S _____

S _____   S _____

a b c d e f g h i j k l m n o p q r s t u v w x y z

A B C D E F G H I J K L M N O P Q R S T U V W X Y Z

S _____   S _____

S _____   S _____

S _____   S _____

S _____   S _____

S _____   S _____

S _____   S _____

S _____   S _____

S _____   S _____

S _____   S _____

S _____   S _____

S _____   S _____

a b c d e f g h i j k l m n o p q r s t u v w x y z

A B C D E F G H I J K L M N O P Q R S T U V W X Y Z

Tt

	t _____
the _____	t _____
them _____	t _____
then _____	t _____
there _____	t _____
this _____	t _____
to _____	T _____
too _____	T _____
t _____	T _____
t _____	T _____
t _____	T _____

a b c d e f g h i j k l m n o p q r s **t** u v w x y z

A B C D E F G H I J K L M N O P Q R S **T** U V W X Y Z

t _____	t _____
t _____	t _____
t _____	t _____
t _____	t _____
t _____	t _____
t _____	t _____
t _____	T _____
t _____	T _____
t _____	T _____
t _____	T _____
t _____	T _____

a b c d e f g h i j k l m n o p q r s t u v w x y z

A B C D E F G H I J K L M N O P Q R S T U V W X Y Z

Uu

u

up

u

u

u

u

u

U

U

U

Vv

v

v

v

v

v

v

v

v

v

a b c d e f g h i j k l m n o p q r s t **u v** w x y z

A B C D E F G H I J K L M N O P Q R S T **U V** W X Y Z

Ww

	w _____
was _____	w _____
we _____	w _____
went _____	w _____
were _____	w _____
what _____	w _____
when _____	W _____
will _____	W _____
with _____	W _____
w _____	W _____
w _____	W _____

a b c d e f g h i j k l m n o p q r s t u v **w** x y z

A B C D E F G H I J K L M N O P Q R S T U V **W** X Y Z

W _____   W _____

W _____   W _____

W _____   W _____

W _____   W _____

W _____   W _____

W _____   W _____

W _____   W _____

W _____   W _____

W _____   W _____

W _____   W _____

W _____   W _____

a b c d e f g h i j k l m n o p q r s t u v **w** x y z

A B C D E F G H I J K L M N O P Q R S T U V **W** X Y Z

W _____   W _____

W _____   W _____

W _____   W _____

W _____   W _____

W _____   W _____

Xx

X _____

X _____   X _____

X _____   X _____

X _____   X _____

X _____   X _____

a b c d e f g h i j k l m n o p q r s t u v **w x** y z

A B C D E F G H I J K L M N O P Q R S T U V **W X** Y Z

Yy

yes   y

you   y

y   Y

y   Y

Zz

                       z

z   z

z   Z

z   Z

z   Z

a b c d e f g h i j k l m n o p q r s t u v w x **y z**

A B C D E F G H I J K L M N O P Q R S T U V W X **Y Z**